UNE

MISSION A ANTHIEN

EN L'AN DE GRACE

1849.

A M. D. G.

PAR

M. LE VICOMTE JOSEPH WALSH.

PARIS
IMPRIMERIE BRIÈRE, RUE SAINTE-ANNE, 55.

1849

UNE
MISSION A ANTHIEN

EN L'AN DE GRACE

1849.

A M. D. G.

De tous côtés, aujourd'hui, on parle *propagande*.
De tous côtés on fait appel aux gens de bien.
De tous côtés on leur crie: « Venez en aide à la société; sans vous elle s'écroule de toutes parts. Elle est lézardée et menace ruine! Moi, je dis, que c'est vers Dieu qu'il faut crier, c'est à lui qu'il faut dire: *Seigneur, réveillez-vous, levez-vous, ou nous périssons*.

Sans doute les bons écrits font quelque chose contre les doctrines subversives, mais pour terrasser, pour vaincre l'esprit du mal, les hommes seront impuissants, et vains seront leurs efforts; seul, le bras du Seigneur pourra faire rentrer Satan dans l'abîme. A lui seul appartient ce triomphe et non à la sagesse humaine si pauvre et si divisée !

Pour arrêter le mal qui ronge le monde, il faut évoquer les saintes croyances du catholicisme. Il fait rougir la société de nos jours des doctrines flétrissantes que les Voltairiens ont mis à la place des enseignements chrétiens.

Avec la pensée religieuse, l'homme lève les yeux au ciel pour en faire descendre la grâce.

Avec la pensée matérialiste, l'homme ne regarde que la terre pour y chercher de l'or.

Ce n'est donc pas sur les habiles selon le monde, sur les philosophes moralistes et grands écrivains politiques, que je compte pour sauver la France. Non, il y une autre aide que j'aime bien mieux : c'est celle du missionnaire, de l'apôtre de Jésus-Christ; au dix-neuvième siècle, il en existe encore qui font des miracles de régénération.

Nous venons d'avoir, dans la paroisse d'Anthien, une mission qui m'a rappelé celles de l'abbé Rozan, du père Guillon et de l'abbé de Forbin-Janson. Le pieux prélat qui est aujourd'hui assis sur le siége de Saint-Eulade, de Saint-Didier et de Saint-Nectaire, l'évêque de Nevers ne voulant pas que les ronces, les épines et les orties de l'impiété croissent et s'étendent sur la contrée confiée à ses soins prend peu de repos et est incessamment occupé à visiter ses brebis. Dans une de ses tournées épiscopales, monseigneur Dufêtre s'est arrêté quelques instants dans un château, où l'on croit, où l'on prie, où l'on donne encore avec la foi, la piété et la charité des chrétiens primitifs; là, dans un de ces entretiens où l'homme du sanctuaire se concerte et s'entend avec l'homme de la propriété pour éclairer, sanctifier et soulager les populations rustiques qui les entourent, il fut convenu, avec l'évêque de Nevers, le curé d'Anthein et le châtelain de Villemolin, qu'une mission apostolique faite par deux prêtres, s'ouvrirait le dimanche de la Sexagésime (11 février dernier).

Ces cinq semaines de prières, de concorde et d'édification, ces cinq semaines de *fraternité chrétienne* ont coulé vives et limpides comme les ondes d'une petite rivière sans nom qui fertilise la vallée en face du château, et dont j'aperçois les saules de ma fenêtre. C'est de ces semaines bénies de Dieu que je viens vous rendre compte.

Vous verrez par mon récit que les principes de Proudhon, que les doctrines du socialisme rouge comptent peu de sectaires dans le Nivernais. Ici, la classe agricole vit, laboure et récolte sous les regards du Dieu des Patriarches, et ne prête point l'oreille aux amis du citoyen Pyat. Proudhon a dit, a écrit que « DIEU *était le génie du mal, le tyran de l'humanité,* » et les paysans d'ici, que je vois et avec lesquels je cause souvent, en conduisant leurs charrues et traçant leurs sillons, appellent Dieu *notre père* et le prient de bénir leurs travaux. Quand les temps sont mauvais, quand la misère se fait sentir, quand la maladie leur vient, la famille du laboureur, les enfants de celui qui n'a pas un coin de terre à ensemencer, implorent la Providence céleste, et des providences terrestres, que la bonté divine a données au pays, entendent aussi les gémissements du pauvre, les plaintes du malade, se hâtent vers la maison où les douleurs et le dénuement sont entrés; tous les Proudhon de la France ne parviendront jamais à éteindre la confiance que le chrétien souffrant a dans le chrétien qui possède; il sait que le bon riche est son meilleur ami, et, pour ainsi dire, l'*aumônier* que Dieu a choisi pour répandre ses bienfaits; aussi l'alliance entre eux est indissoluble. Et quoi de plus désirable que de voir cette sainte et salutaire alliance s'étendre partout !

Partout où le catholicisme élèvera la voix, la vraie Fraternité surgira, le riche n'oubliera pas le pauvre, le pauvre ne maudira pas le riche, les partis perdront leur animosité, les charités deviendront abondantes, les procès rares, les scandales nuls, le nom du Seigneur sera sanctifié, et le règne de Dieu arrivera.

Le clocher d'Anthien ne s'élevant pas au milieu de la paroisse, il eût été difficile pour les habitants de Magny, de Bailly, de Villerot, de Cervon et d'Haussoy de se rendre chaque matin et chaque soir à l'église paroissiale; aussi, pour que toutes les populations de ces hameaux et villages pussent venir prier le Dieu qui bénit les moissons et qui donne la force et la patience aux fils de la charrue, les châtelains avait offert leur chapelle comme succursale de l'église d'Anthien.

Depuis une vingtaine d'années, il est fort à la mode en France d'arranger, de *comfortabiliser* sa demeure. Chacun, à notre époque de mollesse, veut être bien chez soi. Les architectes, les peintres, les tapissiers, les jardiniers paysagistes, depuis quelque temps, ne savaient plus à qui entendre, tant on les réclamait de toutes parts ! La République de février 1848 a mis fin à tous ces élégants travaux, a arrêté les transformations, les embellissements et les constructions nouvelles.

Le château de Villemolin a donc eu aussi ses transformations extérieures et intérieures, mais avant d'arranger ses salons et ses chambres, le châtelain a voulu commencer ses travaux par la construction d'une chapelle : car, il s'est souvenu que c'est en vain que les hommes s'élèvent des demeures, s'ils n'appellent Dieu pour les garder et les bénir.

La chapelle de Villemolin, quoique bâtie depuis vingt ans a, par son architecture, sa voûte élevée, ses vitraux, son autel, son sanctuaire et sa tribune, tout le caractère, tout le recueillement, *toute la dévotion* de ces maisons de prière que les contemporains et les sujets de Saint-Louis consacraient au Dieu de la France.

Cette chapelle, qui s'anime journellement de la présence de la famille, des hôtes et des serviteurs du château, est rarement solitaire, l'adoration du Saint-Sacrement y amenait des âmes pieuses et ferventes ; mais jamais elle n'avait reçu dans son enceinte une foule si grande et si pressée que pendant la mission ; dès l'aube du matin, les cultivateurs des domaines, les journaliers, les villageois jeunes et vieux, les femmes, les enfants s'empressaient d'y venir. Dans la prière en commun, dans l'exhortation du missionnaire, dans le chant des cantiques, cette population qui gagne son pain à la sueur de son front puisait une nouvelle vigueur. Comme pour rendre leurs travaux moins rudes, le ciel a presque toujours été, durant ces cinq semaines, clair et serein.

Pendant qu'au lever du soleil le petite cloche argentine

de la chapelle sonnait la messe, la voix plus grave de celle de la paroisse s'élevait aussi ; toutes les deux appelaient aux saints exercices.

Pour cette mission deux apôtres nous étaient venus. L'un vétéran de l'église enseignante et militante, et l'autre jeune curé, presque au début de sa carrière, rempli d'ardeur, de piété et de savoir. Tous les deux se partageaient le ministère de la parole et des sacrements; tantôt nous avions au château le prêtre ardent et intrépide athlète, et tantôt le vieillard confesseur de la foi ; chacun avec un genre différent parvenait au même but, fouillant le cœur dans ses replis les plus secrets et élevant l'âme vers Dieu, par un ardent enthousiasme.

Ces Ravignans, ces Lacordaires champêtres avaient, je vous assure, une éloquence qui ne manquait ni de force, ni de charme, ni de poésie en s'adressant aux hommes de labour, aux bons paysans et paysannes, qui se reposaient de leur travail en venant écouter la parole de Dieu ; nos deux missionnaires savaient prendre le langage convenable à leur auditoire; comme Jésus-Christ, leur divin maître, ils avaient souvent recours aux figures empruntées aux champs, aux vallées, aux montagnes, aux ruisseaux et aux fontaines. Le soleil avec les magnificences de son lever et de son coucher, la lune avec les étoiles du firmament, racontant la puissance du Très-Haut, leur fournissaient aussi de fréquents points de comparaisons. Comparaisons bien comprises par tous ces gens de campagne vivant au milieu des merveilles de la création.

Ces images donnaient à leurs paroles quelque chose de biblique qui avait pour nous un indicible attrait, e qui savait contenir et retenir dans de pieuses pensées toutes ces imaginations peu habituées à méditer des choses du ciel.

Pendant ces cinq semaines de sanctification, nos journées passaient trop rapides. Le reflet des pensées que nous avions eues en face de l'autel, se prolongeait au dehors, et près du foyer du salon nous causions souvent de ce que nous avions entendu et ressenti à la chapelle ou à l'église. Sous le toit de chaume des hameaux, il en était de même; là aussi, la famille prolongeait la veillée, en se rappelant mutuellement les bonnes instructions, les belles histoires que leur avaient données et racontées les deux apôtres consolateurs.

Bientôt les missionnaires n'eurent plus de loisirs; entre les exercices du matin et ceux du soir, ils passaient une grande partie de la journée au confessionnal; car en faisant aimer Dieu, ils faisaient détester tout ce qui l'offense. La peinture de la paix, du repos d'une bonne conscience tentait les pécheurs bourrelés de remords, et ils venaient se décharger du poids qui oppressait leur âme aux pieds des hommes de miséricorde, qui ont reçu du divin Sauveur le pouvoir de lier et de délier, de pardonner et d'absoudre.

Dans les journées passées au château, il y avait pour moi une heure de prédilection; c'é,ait celle qui suit le coucher du soleil; celle où les dernières lueurs du jour luttent sur les côteaux avec les premières ombres de la nuit. Alors les cloches de l'église et de la chapelle jettaient leur saint appel au silence du crépuscule et aux échos de la campagne. A leurs tintements, la ménagère villageoise fermait la porte de sa chaumière, et avec ses filles et les enfants prenait le chemin de la maison de prière où elle trouvait toujours un doux délassement.

A cette heure, je quittais aussi mon ouvrage, et venais m'asseoir auprès de ma fenêtre. De là j'apercevais la ceinture variée de culture qui forme autour de Villemolin un immense cercle; de toutes ces collines dont les crêtes étaient encore dorées des lueurs de l'occident, je voyais par les chemins, par les sentiers des villages de Magny, de Bailly et de Villerot, descendre des groupes de paysans; par moments la brise m'apportait le son grave des voix d'hommes causant entre eux; dans d'autres instants, c'était la voix claire des petits garçons et des petites filles courant en avant, et en répétant les refrains des cantiques que le vieux missionnaire leur a appris.

Ce flot de chrétiens ne coulait pas dans une seule direction, d'autre part, il se dirigeait vers Anthien; ainsi dans la paroisse s'élevaient en même temps, de deux sanctuaires, la prière et l'encens; et Dieu, en échange des parfums et des vœux qui montaient vers lui, allait faire descendre sur toute la pieuse contrée, la paix et les consolations que lui seul peut donner.

Quand les exercices étaient finis, quand le chapelet avait été dit, quand le sermon avait été religieusement écouté, quand le salut avait été chanté, la bénédiction du Saint-Sacrement donnée, quand l'encensoir ne fumait plus, il était huit heures du soir; alors toute cette population reposée, de ses rudes labeurs et tout humectée de la rosée céleste se levait et sortait du saint lieu, pour retourner sous ses pauvres toits.

Remonté à ma chambre, je prenais encore plaisir à écouter la voix de la foule qui passait sous mes croisées. A mesure que cette multitude s'éloignait, le bruit des voix qui s'élevait et celui des sabots et des souliers ferrés qui faisaient crier le gravier des avenues, allait en décroissant; puis tout à coup, dans le silence qui commençait à revenir, éclatait quelque chant. Alors je prêtais l'oreille à ces refrains que le vent du soir poussait jusqu'à moi :

> Bénissons à jamais
> Le Seigneur dans ses bienfaits !
> Bénissez les saints anges,
> Louez sa majesté,
> Rendez à sa bonté
> Mille et mille louanges.

Ces paroles, je les avais chantées à une mission à Nantes, il y a près de trente ans; j'en remercie Dieu. Mon cœur n'a pas trop vieilli, car je viens de retrouver mes émotions d'alors.

Un autre cantique, que les échos de la commune d'Anthien ont répété ces jours passés, est celui que les Vendéens, leurs femmes et leurs filles, chantaient à la sainte Vierge, quand les bleus les conduisaient au supplice :

> Je mets ma confiance,
> Vierge, en votre secours;
> Servez-moi de défense,
> Prenez soin de mes jours;

> Et quand ma dernière heure
> Viendra fixer mon sort,
> Obtenez que je meure
> De la plus sainte mort.

L'homme qui ne veut plus penser qu'à l'avenir a beau faire, ses souvenirs le reportent aux jours coulés... Heureux quand il retrouve dans ces régions traversées quelques pieuses réminiscences, quelques fleurs dans l'aridité des sables !

Pendant une bonne partie de la mission, la lune a prêté sa clarté au retour de tous ces braves gens, qui s'en allaient chercher dans le repos de la nuit la force nécessaire aux travaux du lendemain. Quand cette lueur leur manquait, on eût dit des feux follets descendant dans les vallées ou montant le versant des collines. C'était la lumière des falots et des lanternes qui brillaient par moments, et tantôt disparaissaient tout à coup pour reparaître encore sur les chemins des différents villages.

Quand, au château, l'exercice du soir était terminé, nous ne descendions pas tout de suite de la tribune de la chapelle ; nous aimions à voir rester, sur toute la foule qui s'écoulait, un certain nombre d'hommes agenouillés devant l'autel, car ceux qui demeuraient ainsi après le départ des autres étaient ceux que la grâce avait touchés et que le prêtre allait réconcilier avec Dieu.

Pendant ce mois de régénération chrétienne, le divin Rédempteur qui a dit : « *Vous qui souffrez, venez à moi* », a été reçu dans le cœur de plus de huit cents habitants de la paroisse d'Anthien, et maintenant vous auriez peine à y trouver trente âmes restées endormies à l'ombre de la mort.

Pour aider à cette régénération, à ce *rajeunissement* de la population, quatre prêtres passaient les journées au tribunal de la pénitence, et ne louaient jamais si bien le Seigneur que lorsqu'un grand nombre de pénitents les avait accablés de fatigue; le zèle des saints leur est un bonheur que le monde ne peut pas plus concevoir que donner !

Lorsqu'une sécheresse morale s'étend quelque part, lorsque l'homme, courbé vers la terre, ne songe plus qu'à ses intérêts matériels, le mal est grand. La pensée religieuse s'efface, le feu de l'amour divin s'éteint, et la stérilité, comme une autre plaie d'Égypte, va gagnant sur le pays; mais si de vrais serviteurs de Dieu arrivent dans cette contrée énervée d'apathie, engourdie de somnolence, le feu sacré qu'ils portent avec eux réchauffe peu à peu l'atmosphère, et la glace de l'indifférence se fond au souffle de leur parole ardente ; à leur voix, la rosée divine descend sur le sol aride comme jadis sur la toison de Gédéon.

Nos missionnaires, avec raison, gardent un peu de rancune aux beaux-arts de s'être détournés du service de Dieu pour passer à celui de Satan ; ils regrettent de les voir se vouer presque exclusivement aux émotions mondaines ; cependant, les hommes de Dieu sont loin de dédaigner les choses extérieures qui frappent et émeuvent les sens. Aussi, voyez comme ils s'entendent à parer les autels de bouquets de fleurs et de l'éclat scintillant des cierges, à embaumer le sanctuaire du parfum de l'encens, et à faire résonner les vieilles voûtes des églises du chant des cantiques et des hymnes ! Toutes ces *pieuses séductions*, ils les compromettent et les mettent en pratique avec succès.

Pour se délasser du pénible travail du confessionnal, le vieux prêtre, dès la seconde semaine de la mission, s'était occupé de faire construire un *autel de triomphe* à la Vierge immaculée mère de Dieu. Cet autel, avec ses gradins ornés de dentelles, de guirlandes et de cierges sortant de grosses roses blanches et bleues, portait jusqu'à la courbure de la voûte du saint lieu la statue de Marie, dont le front rayonnait d'un diadème étincelant de pierreries. Pour le décor de ce trône de la reine du ciel, la paroisse avait eu recours à la magnificence et au bon goût de la châtelaine. L'azur du ciel, la blancheur des nuées du matin sont les couleurs de la souveraine des anges. Aussi cet autel que je viens de décrire n'était tendu que d'étoffe bleue que la transparence de dentelles richement brodées, laissait apercevoir.

Une touchante cérémonie a eu lieu le troisième dimanche à cet autel ; plusieurs jours à l'avance, aux prédications du matin et du soir, il avait été annoncé aux habitants d'Anthien, mais surtout aux mères de famille, que tous les enfants de la commune, depuis six mois jusqu'à neuf ans, seraient mis sous la protection spéciale de la sainte Vierge.

Comme on le devine bien, cet appel aux parents fut entendu, et nous avons vu une innombrable foule de femmes défiler avec leurs petits enfants dans leurs bras devant l'auguste mère de l'Enfant-Jésus. A cette procession, il n'y avait pas seulement que de jeunes mères, on y voyait aussi des aïeux et des aïeules à cheveux blancs conduisant leurs petits-fils et leurs petites-filles, tenant à la main des cierges allumés et s'inclinant tous à mesure qu'ils passaient devant l'autel, où le curé d'Anthien leur donnait à baiser le crucifix d'argent. Pendant ce défilé, des voix chantaient :

>   Unis au concert des anges,
>   Aimable reine des cieux,
>   Nous célébrons tes louanges
>   Par nos chants mélodieux.

et d'autres reprenaient :

>   De Marie,
>   Qu'on publie
>   Et la gloire et les grandeurs.
>   Qu'on l'honore,
>   Qu'on l'implore,
>   Qu'elle règne sur nos cœurs !

L'instinct et l'art musical auraient peut-être trouvé à redire à cette rustique harmonie.... mais tous ces paysans chrétiens chantaient de si bon cœur ! C'était pour ces hommes de rude travail un si saint, un si doux délassement de célébrer avec leurs mères, leurs femmes et leurs enfants les louanges *du bon Dieu et de la bonne Vierge*, que, leur émotion me gagnant, je ne m'arrêtais pas à ce qui pouvait être discord : je ne sentais plus que leur bonheur ; je ne voyais que ce qu'il y avait de grand, de consolant dans cette assemblée villageoise, étroitement unie par une même croyance et par un même espoir !

Le catholicisme sait toutes les cordes vibrantes qu'il y a dans le cœur de l'homme et les touche à son gré; aujourd'hui, c'est le mode joyeux qui résonne, demain ce sera comme un écho de la voix de Jérémie. Le missionnaire qui a étudié et sondé nos âmes sait que rien ne l'émeût davantage que les contrastes : aussi, tout à côté de la gracieuse consécration des enfants à la mère du Sauveur, il plaça un service solennel pour les âmes des fidèles trépassés.

Admirons quelle connaissance le catholicisme a du cœur humain. Il a voulu que les vivants prient pour les morts; mais, pour qu'à la vue du cercueil la tristesse et la douleur n'absorbent pas trop nos âmes, il nous montre les rayons du ciel à côté des ombres du sépulcre, la résurrection auprès de la mort, et fait descendre dans les régions funèbres deux filles des cieux, la Foi et l'Espérance.

Cette espérance, cette foi, sont encore vives au cœur des populations du Nivernais; sous le rapport religieux, cette province me rappelle beaucoup la Vendée et la Bretagne.

Le jour de la commémoration mortuaire, l'autel, orné de guirlandes et de bouquets, ne s'élevait plus rayonnant de lumière auprès du sanctuaire; d'autres cierges brûlaient, c'étaient ceux du catafalque dressé au milieu de l'église. La plupart des femmes de la paroisse avaient apporté ce matin-là le cierge qu'elles gardent religieusement chez elles, et qu'elles allument seulement pendant l'agonie de leurs proches. Ces espèces de torches en cire jaune ne s'usent ainsi que par les décès qui se succèdent dans les familles.

Quand quelqu'un de la ferme ou de la pauvre cabane d'un journalier râle son dernier souffle, une main qui lui a été chère, celle d'une mère, d'une épouse, d'une fille ou d'un fils penche le cierge sur la poitrine haletante du moribond pour y faire couler en croix quelques gouttes de cette cire bénite, et *signer* ou marquer ainsi pour le tombeau le corps qui va y descendre : c'est comme le cachet du passeport pour le long et redoutable voyage !

Un autre usage, que nous n'avons pas chez nous, m'a frappé dans ce bon et religieux Nivernais; dans presque toutes les églises, vous voyez tendus à une certaine hauteur, sur les murailles ou autour des piliers qui supportent les voûtes, des draps mortuaires plus ou moins somptueux. Ils sont mis là en évidence pour faire souvenir des morts qu'ils ont recouverts, et pour leur obtenir des prières des fidèles. Ces tentures restent appendues pendant un an, et, au bout de douze mois de deuil, appartiennent au curé.

Dans cette province, encore primitive sous beaucoup de rapports, les familles qui ont un mort à pleurer, font faire elles-mêmes cette couverture du cercueil, et les hommes noirs des pompes funèbres n'ont point à s'en mêler.

Dans les campagnes, la pauvre bière, formée de quatre minces planches de sapin ou de peuplier, n'a d'autre voile qu'un simple drap de lit ; la sépulture terminée, ce drap est offert par les parents du trépassés au prêtre qui a célébré les funérailles... Le morceau de toile qui a été mouillé de larmes, une fois lavé et séché, est ployé, serré dans l'armoire du presbytère et fait partie de son mobilier.

Le pèlerin, revenu d'un pieux voyage, append au mur de sa chambre, au pied de son crucifix, une image qui lui rappelle le saint ou la sainte dont il est allé au loin implorer la protection.

Le soldat, en souvenir de ses batailles, orne son foyer de quelque arme prise à l'ennemi.

Le monarque qui ne veut pas que l'on oublie son règne élève des obélisques et des colonnes qui dureront plus que lui et qui rediront son nom à la postérité.

Ce que font les hommes s'efface si vite, que tous sentent le besoin d'ériger quelque chose contre l'oubli. Le missionnaire même, quand il a achevé l'œuvre pour laquelle il a quitté sa retraite de prière et de méditation, élève aussi à son départ un monument; mais n'allez pas croire que ce soit pour qu'on y inscrive son nom : en fait de gloire, il ne veut que celle de son divin maître. Aussi c'est une croix qu'il plante solennellement ou sur la grande place de la ville, ou près de l'église du hameau; la seule inscription gravée sur le piédestal, c'est le millésime de l'année de la mission.

Cet arbre de salut, ce témoin muet que le prêtre de Jésus-Christ laisse après lui ou dans la grande cité ou dans l'humble village où il a rompu le pain de la parole aux populations défaillantes, ne manquera pas de rappeler ceux qui passeront ou qui s'agenouilleront devant lui à toutes les bonnes résolutions qu'ils ont prises, toutes les pieuses promesses qu'ils ont faites à Dieu dans cette année que quatre chiffres révèlent.

Devant ce signe de conciliation, de pardon et de paix, les chrétiens, régénérés par la grâce, viendront souvent prier. Sur la petite place du bourg d'Anthien, on verra des vieillards, des femmes, des laboureurs et leurs enfants venir, après les rudes travaux de la journée, se reposer par la prière, par la prière adressée au Dieu qui a dit : « *Vous qui êtes fatigués, venez à moi.* »

La croix sera pour toute la contrée un missionnaire demeuré dans la paroisse pour faire souvenir à tous qu'il faut persévérer.

Ce fut le cinquième et dernier dimanche de la mission que la croix donnée par le comte et la comtesse de Certaines, et provenant de leurs bois de Villemolin, fut solennellement bénite à l'église paroissiale. Dès le matin, elle avait été transportée au bourg par les charpentiers, menuisiers, tailleurs de pierre, peintres, gens du château et quelques habitants du village de Sancy.

Deux ou trois jours auparavant, le missionnaire avait annoncé du haut de la chaire qu'il faisait appel aux jeunes hommes forts et de bonne volonté, et qu'il invitait une soixantaine d'entre eux à se rendre le samedi soir sur la place en face de l'église.

Jamais réquisition ne fut plus allègrement accueillie. Au lieu de soixante, le lendemain, ils étaient plus de cent vingt ! tous empressés, tous ambitieux de porter la croix, saint et véritable drapeau de rédemption et de liberté.

Le dimanche, entre vêpres et le salut du Saint-Sacrement, la bénédiction solennelle de la croix eut lieu. M. le supérieur et l'économe du petit séminaire de Corbigny, M. le curé et M. le vicaire de Lormes, MM. les curés de Cervon, de Vignes, de Magny et de Poucques étaient venus assister M. le curé d'Anthien et le saint missionnaire.

Pour cette solennité, le temple rustique était paré de ses plus beaux ornements, et jamais la maison de prière n'avait eu sous sa vieille voûte foule si compacte et si pieusement émue!

Notre sainte religion a dans son rituel des prières qui laissent bien au-dessous d'elles les prières des autres cultes. Le vrai Dieu a pu seul inspirer à ses adorateurs de si sublimes invocations. Voici ce que le prêtre chante en étendant les mains sur la croix qu'il va bénir et sanctifier :

» Seigneur! Dieu tout puissant, qui avez daigné donner aux ministres de votre divin Fils une telle grâce, qu'ils peuvent, en invoquant votre saint nom, bénir tout ce que vous avez créé; abaissez donc vos regards sur ce bois que nous allons élever en mémoire de la croix que le sang précieux de Jésus-Christ a consacrée sur le Calvaire lorsqu'il y mourut pour racheter les hommes de la puissance du démon. Daignez, Seigneur, bénir ce signe de sa passion, et faire descendre sur lui une vertu céleste qui console et défende tous ceux qui viendront se réfugier et prier à son pied. Bénissez, sanctifiez cette croix, pour qu'elle soit en même temps un obstacle sur la voie de vos ennemis et un étendard levé au milieu de ceux qui ont mis en vous leur foi et leur espérance. »

Après ces paroles, que l'officiant prononce les bras élevés comme un autre Moïse, priant sur la montagne, il descend des marches du sanctuaire, et, suivi du clergé qui l'assiste, fait trois fois le tour de la croix couchée sur une estrade ornée, aspergeant d'eau bénite et parfumant d'encens ce bois, qui rappelle celui du Golgotha.

Ce cérémonial terminé, les prêtres et l'assistance tout entière se prosternent et font retentir l'église du chant de la Passion :

O CRUX AVE, SPES UNICA !

Après cette strophe, répétée trois fois, la foule se relève, et la procession commence. La bannière paroissiale, rappelant le gonfanon de l'ancienne chevalerie, ouvre la marche ; puis la croix d'argent brille entre deux acolytes portant des cierges allumés. Les enfants de chœur avec leurs robes rouges et leurs aubes transparentes, les chantres, les élèves du maître d'école, les notables, le maire, ses adjoints, précèdent l'immense croix de bois de chêne que portent vingt jeunes hommes, se relayant de distance en distance ; ainsi couchée sur les épaules des chrétiens qui tiennent à honneur de se courber sous le fardeau sacré, la croix s'avance majestueusement, suivie du clergé et des populations environnantes. Car cette belle solennité n'est pas seulement la fête d'une paroisse, c'est celle de toute la contrée.

Pendant que la procession parcourrait le bourg d'Anthien de droite et de gauche, la multitude s'agenouillait à la vue du signe rédempteur, et les échos de la campagne répétaient les refrains de nos cantiques. — Nous chantions :

>   Vive Jésus ! Vive sa croix !
>   N'est-il pas bien juste qu'on l'aime ?
>   Puisqu'en expirant sur ce bois
>   Il nous aima plus que lui-même.
>   Chrétiens, chantons à haute voix,
>   Vive Jésus ! Vive sa croix !

Gloire à cette divine croix !
De tous nos biens source féconde,
Qui dans le sang du Roi des Rois,
A lavé le péché du monde.
Chrétiens, chantons à haute voix,
Vive Jésus ! Vive sa croix !

Paris ne sait pas les airs de ces cantiques pieux, mais ils sont connus et populaires dans les campagnes. La Marseillaise et Ça ira font peur à bien des gens, quand on les entend hurler par les rues; les chants de la Mission chrétienne ne font trembler personne et consolent les cœurs simples et purs.

Mais voici venu le moment où la croix va s'élever au-dessus de toutes les têtes, se dessiner un instant sur le ciel du soir, puis redescendre lentement et se poser solide et immuable sur son piédestal de granit.

Oh ! je plaindrais du fond de mon âme l'homme qui resterait froid à ce moment solennel ! moment où tout ce que l'on a lu, tout ce qu'on a entendu, tout ce qu'on a appris sur la douloureuse Passion du fils de Dieu, revient à la mémoire en passant par le cœur; moment de saints souvenirs et de saintes espérances, de regrets et de promesses, de contrition et de ferveur. Instants précieux dans la vie et qui sont autant au-dessus des instants remplis de pensées mondaines, que le ciel est au-dessus de la terre !

Pendant que la croix se dressait de dessus son estrade, pendant qu'elle s'élevait et qu'elle descendait pour se fixer sur sa base, un saisissant silence d'émotion respectueuse s'étendait sur toute la foule attentive; pas une voix, pas le moindre retentissement de marteaux, pas un cri d'ouvriers, partout profond recueillement, et quand le grand signe du pardon céleste a été solide sur sa base, le missionnaire, ayant fait de ce qu'il avait trouvé près de lui une chaire improvisée, y monta et dit de ces paroles qui partent du cœur et qui vont au cœur; paroles inspirées d'en haut, et que je suis inhabile à bien redire: dans cette chaleureuse allocution chrétienne, les mots de PARDON, de MISÉRICORDE, de REPENTIR, de PERSÉVÉRANCE, d'AMOUR DE DIEU et d'AMOUR DU PROCHAIN, étaient souvent répétés.

Oh! que tous ceux qui les ont entendues s'en souviennent et pratiquent ce qu'elles commandent, et dans la contrée que nous venons de voir évangéliser, il régnera, UNE PAIX, UNE FRATERNITÉ, que bien des gens cherchent ailleurs, et qui ne se rencontre pourtant qu'au pied de la croix et sous la garde de Dieu.

www.ingramcontent.com/pod-product-compliance
Lightning Source LLC
Chambersburg PA
CBHW070528050426
42451CB00013B/2905